RÉFUTATION

D'UN PASSAGE

DES MÉMOIRES POSTHUMES

DU

COMTE MIOT DE MÉLITO

PARIS

TYPOGRAPHIE DE FIRMIN DIDOT FRÈRES, FILS ET Cⁱᵉ

Imprimeurs de l'Institut, rue Jacob, 56

1859

RÉFUTATION

D'UN PASSAGE DES MÉMOIRES POSTHUMES

DU COMTE MIOT DE MÉLITO.

(Nota. — Cette réfutation est placée en tête du VIIIe volume de la collection des Œuvres du comte Rœderer, sénateur, ministre, pair, membre de l'Institut, etc., publiée par le baron Rœderer, son fils, ancien pair de France.)

Les Mémoires récemment publiés du comte Miot de Mélito renferment, au tome Ier, l'anecdote suivante, placée dans le récit d'une conversation qu'il eut avec le général Bonaparte, à l'armée d'Italie, en 1797 :

« .... Nous partîmes, dit-il, de Milan.... j'é-
« tais dans sa voiture avec sa femme et Ber-
« thier... L'entretien roula sur quelques per-
« sonnages qui pouvaient jouer un rôle dans
« les affaires publiques à Paris, et au nombre
« de ceux qui furent passés en revue je lui
« citai Rœderer, dont je fis valoir l'esprit pé-
« nétrant, les talents comme écrivain et les
« connaissances étendues ; mais il me montra
« une extrême répugnance pour lui. Il l'atta-
« qua vivement sur la conduite qu'il avait te-

« nue au 10 août à l'égard de Louis XVI et de
« sa famille ; il y vit de la duplicité et de la
« trahison, et ajouta qu'il ne pourrait jamais
« avoir confiance dans un homme à qui il avait
« à faire un tel reproche. Je pris sa défense de
« mon mieux ; mais madame Bonaparte ne
« m'appuya pas, et se tut comme Berthier. La
« suite a fait voir que Rœderer a su vaincre
« cette répugnance ; probablement les services
« qu'il rendit au 18 brumaire ont effacé le sou-
« venir du 10 août. »

Je ne veux pas laisser passer sous silence la
reproduction posthume de cette odieuse calomnie, à laquelle vient s'ajouter une ignoble
et odieuse réflexion de M. Miot.

Pour faire encore une fois justice de la calomnie, il me suffira de reproduire ici quelques extraits des nombreux et efficaces écrits
de mon père, déjà insérés dans cette collection,
et publiés par lui, et sous sa signature, dans
la feuille la plus lue à cette horrible époque.

Quant à M. Miot, s'il avait eu le cœur plus
haut placé, il n'aurait jamais osé attribuer le
changement survenu dans l'esprit de l'Empereur à des motifs d'un ordre aussi vulgaire que
ceux qu'il lui prête ; il aurait compris que le
noble cœur de Napoléon, incapable de jamais

transiger avec l'honneur, n'avait voué à mon père une confiance si entière, signalée par tant de témoignages, qu'après avoir reconnu qu'*il n'était pas l'homme auquel il pût avoir à faire un tel reproche.*

Extrait du *Journal de Paris*, du 6 JANVIER 1793.

« Suivant l'opinion de Barrère, Louis doit « être condamné sans appel.

« Barrère ne voit qu'un motif pour l'appel au « peuple : ce serait de s'assurer, dit-il, que le « décret qui décidera du sort de Louis aura l'as-« sentiment de la nation. « Mais, dit Barrère, « la Convention n'a qu'à rendre son jugement « à une grande majorité, et il obtiendra cet « assentiment. » — « On peut répliquer à Bar-« rère que la difficulté est peut-être de former « un jugement à une grande majorité ; que « l'utilité d'une grande majorité n'est pas une « raison de l'espérer, parce que chaque parti « se prévaut de cette utilité pour rester fidèle « à son opinion, et qu'au fond passer de l'o-« pinion qu'on a à celle qu'on n'a pas, et cela « pour donner à celle-ci une grande majorité, « ce serait évidemment acheter l'apparence « d'un décret conforme au vœu général par

« le consentement d'en faire un tout con-
« traire.

« Barrère pense que l'appel au peuple bles-
« serait le principe de la République, c'est-à-
« dire la représentation nationale. — Mais la
« Constitution de la République n'existe point
« encore, et d'ailleurs le principe de la repré-
« sentation ne conduit pas à nommer les mê-
« mes représentants pour faire les lois et ren-
« dre la justice.

« Barrère pense que l'appel au peuple dé-
« graderait le caractère de la Convention, qui
« représente la souveraineté dans sa pléni-
« tude. — Mais le pouvoir constituant n'est, au
« contraire, qu'un pouvoir commis, exercé
« par des représentants sous la réserve de la
« sanction publique, en quoi ce pouvoir dif-
« fère du pouvoir législatif constitué, qui est
« non-seulement exercé par des représentants,
« mais encore un pouvoir représentatif et non
« commis.

« Barrère pense que la question de l'invio-
« labilité royale ne doit pas être soumise aux
« assemblées primaires, parce qu'elle n'a pas
« été votée ni acquiescée par elles. — D'abord
« ce n'est pas cette question qu'il s'agit de
« déférer aux assemblées primaires ; mais, s'il

« s'en agissait, il serait très-raisonnable de
« soutenir, contre Barrère, que, le premier
« corps constituant ayant voté l'inviolabilité
« absolue, et le second la croyant contraire
« aux droits du peuple, c'est au peuple à pro-
« noncer entre les deux corps constituants.

« Barrère avance, au surplus, que la con-
« damnation de Louis n'est ni un jugement ni
« une loi, mais un acte de révolution et de
« sûreté générale. — Mais il n'y a de sûreté
« générale que là où il y a aussi sûreté parti-
« culière ; il n'y a sûreté que là où les hommes
« sont jugés et non proscrits. Tout ce qui s'est
« fait pendant que le canon tirait aux Tuile-
« ries, le 10 août, est acte de révolution ; tout
« ce qui s'est fait après est criminel, s'il n'est
« légal.

« Barrère ajoute que l'exécution du roi ne
« serait pas un acte d'une autre nature que la
« déportation des prêtres, ordonnée par le
« Corps législatif. — Mais 1° la déportation
« des prêtres n'était pas une suite de la révo-
« lution de 1789 : c'était un moyen de préve-
« nir une contre-révolution, manifestement
« préparée pour 1792 ; 2° de la déportation on
« ne peut pas conclure à la décapitation ; car
« on conçoit très-bien une déportation passa-

« gère, mais la décapitation est définitive, et
« sans doute on ne prétendra pas que la vie ait
« moins de prix pour un roi que la patrie pour
« un prêtre (1)...

« Signé ROEDERER. »

L'article ci-dessus et du 6 janvier 1793, celui qu'on va lire est du 12, la condamnation
est du 17 : le rapprochement de ces trois dates
est certes assez significatif !

Extrait du Journal de Paris, du 12 JANVIER 1793.

« Merlin de Thionville, l'un des commis-
« saires envoyés à l'armée de Mayence, adresse
« à l'Assemblée son opinion sur Louis Capet ;
« il demande à être inscrit au nombre des
« opinants qui voteront pour la mort sans ap-
« pel. On peut opiner, et non pas voter, avant
« que l'acte du jugement commence, car jus-
« qu'à ce moment la discussion, les discours
« prononcés ou imprimés peuvent faire chan-
« ger l'opinion. Le tribunal ne peut donc ad-
« mettre un vœu émis avant l'expiration du

(1) (Note de l'éditeur.) A la page 247 du t. III de cette
collection, mon père, en parlant de cet article, dit :
J'ai pris sa défense (celle du roi) contre celui de ses
juges qui a le plus entraîné de suffrages pour la peine
capitale, contre Barrère.

« délai jugé nécessaire pour la maturité du
« jugement. On ne peut pas non plus opiner
« ni voter par lettres et à cent cinquante lieues
« du tribunal ; car le tribunal est un et indivi-
« sible ; il doit répondre de la liberté physique
« et morale de tous ses membres, et les avoir
« sous les yeux. *Et enfin une opinion qui ne*
« *saurait être admise si elle absolvait ne peut*
« *jamais obtenir plus de faveur quand elle*
« *condamne et condamne à la mort.*

« *Signé* Rœderer. »

La lecture de ces deux articles fera sans
doute reconnaître que mon père était en droit
de dire, dans sa lettre au ministre de la police
en 1816 (1) : « ... *Ces deux articles* (2) *me pla-*
« *cent, je crois, plus près des défenseurs de*
« *Louis XVI que de ceux qui l'ont condamné.* »
— Et, comme il l'a fait dans la *Chronique de
cinquante jours* (3) : « *Cet écrit* (4) *me place plus*

(1) Voir tome VII de cette collection, page 289.

(2) Voir ci-dessus l'article du 6 janvier 1793, et l'article intitulé : « *des Fêtes à l'occasion des supplices,* »
imprimé le 9 janvier 1797 dans le *Journal de Paris,*
et reproduit dans cette collection, à la page 255 du
tome III.

(3) Page 247 du t. III de cette collection.

(4) Voir ci-dessus l'article déjà cité, du 6 janvier
1793.

« *près des défenseurs de Louis XVI que de ceux*
« *qui l'ont condamné ; et si je l'avais trahi, je*
« *serais à une distance immense au-dessous de*
« *ceux-ci.* »

Il est évident que si, au 10 août, mon père
avait eu l'horrible pensée que lui prête une
odieuse calomnie, ce n'aurait pu être que dans
une intention et une connivence révolutionnaires ; mais comment concilier cette intention
avec les deux articles qu'on vient de lire ? et
comment supposer une connivence, et avec
qui, lorsqu'on le voit ainsi aux prises avec les
révolutionnaires, et s'attaquer lui-même avec
courage à leurs chefs les plus redoutables ?
Tout cela est aussi absurde qu'odieux.

« J'ai conduit Louis XVI à l'Assemblée na-
« tionale le 10 août. Ce jour même ce prince a
« été constitué prisonnier, et il n'est sorti de sa
« prison que pour aller à l'échafaud : voilà des
« faits malheureusement trop certains. Leur
« enchaînement a facilité à la malveillance des
« ennemis de la Révolution l'infâme conten-
« tement d'asseoir une injustice sur un faux
« raisonnement ; ils ont conclu de la liaison de
« ces faits que j'avais conduit Louis à ses en-
« nemis, et que mon intention avait été de le
« livrer à leurs coups.

« Si entre les amis de la liberté il en est qui
« soient dans cette erreur, leur méprise est un
« tort, car elle est volontaire : c'est leur faute,
« et non la mienne. Ils lisent de mauvais li-
« vres, au lieu de lire de bons écrits ; ils se
« plaisent aux ouvrages de partis, non aux
« écrits raisonnables et impartiaux ; ils ai-
« ment les pamphlets, les satires, les menson-
« ges, les méchancetés inventées à plaisir, au
« lieu de porter leur attention sur les actes, sur
« les journaux, sur les Mémoires qui font auto-
« rité, et de s'attacher aux histoires écrites en
« honneur et en conscience sur ces fidèles mo-
« numents. Je le repète, leur injustice à mon
« égard est leur faute, et non la mienne. Je n'é-
« cris point ici pour ceux qui fuient la vérité,
« ni pour ceux qui la voient avec indifférence ;
« ce que je vais dire ne s'adresse qu'aux hom-
« mes d'honneur, dans la mémoire de qui je
« désire que le souvenir de mes actes publics
« ne périsse ni ne s'altère. Ce ne sera, au reste,
« qu'un résumé des écrits authentiques qui me
« concernent dans ceux que renferme ma
« *Chronique de cinquante jours.* »

Cette dernière citation est extraite de la *Chronique de cinquante jours ;* elle se trouve à la
page 231 du tome III de cette collection.

Qu'il me soit permis de mentionner ici une circonstance qui m'est personnelle, mais qui me paraît avoir quelque signification..

Le général Berthier, de tout temps le confident le plus intime et (le fait est notoire) le plus soigneusement prudent de Napoléon, était, selon le récit de M. Miot, dans la voiture de Bonaparte lorsque ce général se prononça si vivement sur mon père ; il savait donc parfaitement sa pensée dès cette époque. — Devenu prince de Neufchâtel, aurait-il jamais osé, douze ans plus tard, demander la sanction impériale, qui lui était indispensable, pour m'admettre à épouser l'aînée de ses nièces, s'il n'eût acquis dès longtemps la parfaite certitude de la rectification complète qui s'était opérée dans l'esprit de Napoléon ? Rectification bien facile, certes, puisque la simple lecture des deux articles des 6 et 12 janvier 1793, rapportés ci-avant, y suffisait à elle seule !

Si le prince, qui assurément avait le choix parmi toute la jeunesse de l'Empire, eût eu la moindre hésitation sur ce point, il lui eût été facile de m'écarter par un de ces nombreux motifs toujours à la disposition des chefs de famille, et dont je n'aurais eu aucune raison dé me plaindre. Il m'a agréé et fait agréer par l'Empereur.

Voici, en effet, la lettre par laquelle le prince en informa mon père :

« Schœnbrunn, le 17 octobre 1809.

« L'Empereur, monsieur le Comte Rœderer, m'a
« paru voir avec plaisir l'union de ma nièce avec
« M. votre fils. Je me trouve infiniment flatté de cette
« alliance par l'estime et l'attachement que je vous
« porte depuis longtemps. Une lettre que j'ai reçue
« de mon frère me fait connaitre qu'on désirerait que
« le mariage se fît au passage de M. votre fils à Turin.
« Cela me paraît désirable ; alors l'un et l'autre se
« rendraient dans le département de Trasimène (1).

« Agréez, monsieur le Comte Rœderer, l'assurance
« de ma plus haute considération.

« Le prince de Neufchâtel,

« ALEXANDRE. »

Au château de Menilles, le 4 août 1858.

Le baron RŒDERER.

(1) Je venais d'y être nommé préfet.

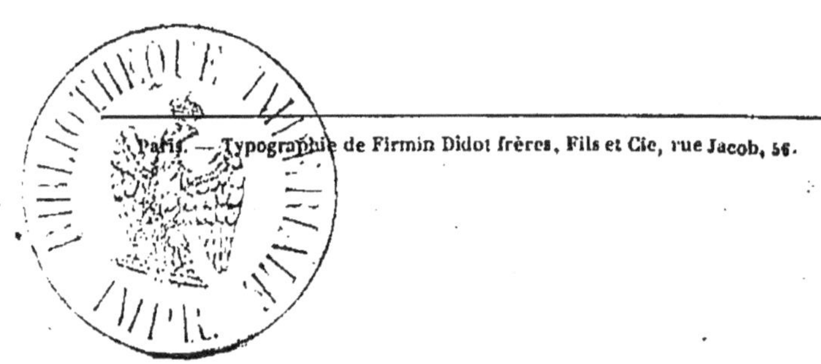

Paris. — Typographie de Firmin Didot frères, Fils et Cie, rue Jacob, 56.

21
3